水价二十讲

傅 涛 著

中国建筑工业出版社

图书在版编目（CIP）数据

水价二十讲/傅涛著.—北京：中国建筑工业出版社，2011.5
 ISBN 978-7-112-13212-6

Ⅰ.①水… Ⅱ.①傅… Ⅲ.①水价-物价管理-体制改革-研究-中国 Ⅳ.①F426.9

中国版本图书馆CIP数据核字（2011）第083844号

水 价 二 十 讲

傅 涛 著

*

中国建筑工业出版社出版、发行（北京西郊百万庄）
各地新华书店、建筑书店经销
北京红光制版公司制版
北京市密东印刷有限公司印刷

*

开本：850×1168毫米 1/32 印张：2⅞ 字数：57千字
2011年6月第一版 2011年6月第一次印刷
定价：**18.00**元
ISBN 978-7-112-13212-6
(20607)

版权所有 翻印必究
如有印装质量问题，可寄本社退换
（邮政编码100037）

针对社会对城市水价的普遍关注，本书以专业研究和调研为基础，从与社会和公众沟通的角度，展示了城市供水行业与水价所关联的现状与问题。本书以二十篇短文的形式，浅显清晰地阐述了水价管理所涉及的诸多方面问题和误区，是各级政府部门以及社会公众了解水价的科普读物，也是水务专业人士的参考书。

* * *

责任编辑：王　磊　田启铭
责任设计：张　虹
责任校对：陈晶晶　赵　颖

目　　录

引言：城市供水难以承受之重 ………………………… 1
之一：水价上涨的五个基本原因 ………………………… 2
之二：认知供水行业的基本现状 ………………………… 6
之三：水价的性质、组成与现状 ………………………… 9
之四：如何在供水的自然垄断中引入竞争机制？……… 12
之五：三个手段保证水价改革的公平与效率 …………… 15
之六：雾里看花　水价的政治性因素强过经济因素 …… 19
之七：水价之痛　不信任引发恶性循环 ………………… 21
之八：供水之惑　水价与水质的艰难选择 ……………… 24
之九：力不从心　目前价格管理的不适应 ……………… 30
之十：政府在供水领域的公共服务责任落在哪里？…… 32
之十一：不要妖魔化外资水务 …………………………… 35
之十二：都是民营化惹的祸 ……………………………… 40
之十三：水价和成本管理之痒 …………………………… 43
之十四：阶梯水价为什么难以实施？…………………… 46
之十五：水价听证会的误区 ……………………………… 49
之十六：政府补贴为什么关照公交而忽略水价？……… 52
之十七：低质低价的破局求助于水价 …………………… 55
之十八：如何有效约束水务服务成本？………………… 58
之十九：如何看待和推进成本公开？…………………… 61
之二十：水价需要你的参与和理解 ……………………… 65
附录：中国210个大中小城市的水价 …………………… 70

引言：城市供水难以承受之重

供水行业提供的是一项重要的公共服务，虽然关系国计民生，但是因为行业的自闭，很长一个时期内并没有进入广泛的公共视野。

2009年以来，水价逐渐成为行业和社会共同关心的关键词。因为水价，让社会极大地关注了水务行业；因为水价，让行业企业和专家都必须面对社会；因为水价，各级政府开始认真面对自己的公共服务责任。

对水价的这种关注，让城市供水这个传统行业由后台进入民生的前台，也迫使每一个专业研究机构，用非专业的方式与公众进行沟通。

应中国水网的邀请，以我们的粗浅的专业研究和调研为基础，从与公众沟通的角度，展示城市供水行业的困难与问题，因此陆续形成了涉及水价的二十篇短文。

面对社会，太大的压力让城市供水有些难以承受，有太多的内容需要与社会交流，也有更多的问题需要社会帮助解决，二十篇短文权当一次专业问题科普化的一个尝试。

文中观点属个人观点，政府和同行不一定能够完全赞同，但是本着实事求是的精神与大家讨论。

之一：水价上涨的五个基本原因

城市供水是城市市政基础设施的重要组成，供水事业直接关系到广大人民的健康和生活保障，关系到工业生产的发展及城市化进程，是社会发展和人民生活不可或缺、不可替代的基础行业，是政府公共服务的重要内容。

1998年以后，在《城市供水价格管理办法》推动下，中国城市水价形成快速增长的趋势。这个办法确定了基本的定价原则，包括利润加成本的制度，保本微利的原则，以及关于资源型价格调整的思想。目前的调价依据依然是它，现在这个办法已经进入国家修订的轨道了。在这个办法的基本原则指导下，10多年来，城市水价一直发生着比较大的变化。

我国36个核心城市，10年来供水价格每年平均增长5%左右，污水处理费平均增长在15%左右。水价调整一直在进行中，那么为什么最近会出现更为明显的趋势呢？这和我们现在的形势发生变化有关系。有五个原因促成了最近突发性的调价：

一、供水成本确实在增加

供水成本增加的原因有环境代价：以前我们发展30年没有支付足够的环境代价，积累下来的结果是水源地合格率比原来低了很多，各大公司取的原水合格率处在比较低的水平，官方数字据说是70%的合格率。整个行业就是在这样的背景下，要满足比较高质量的供水。因为水不仅仅是工业原料，它也关系到人民的健康，包括一些"致畸、致癌、致突变"的物质都在水中，这是最让人担心的。我国人民烧开水的习惯能够初步解决微生物的污染，掩盖了水质上的问题，但是随着水源的污染，大量的溶解性有机物进入了水体，光靠煮沸的办法是很难解决的。

因此，国家2007年发布了新的国标，把水质标准由35项提高到106项，基本和国际接轨，2012年要强制执行。但是，要达到标准要求、解决上述问题，光靠20年来修建的陈旧设施实际上很难达到，如果不增加成本意味着老百姓的健康很难得到保障，这个威胁甚至已经在有些地方显现出来了，例如南漳和赤峰的自来水污染事件等。其实每年自来水行业发生的这类事件非常多，但大部分由地方政府协调处理了，并没有让老百姓完全知道。

二、污水处理的要求增加

十年前，我国只有150座城市污水处理厂，现在县以上城市有1600座污水处理厂，2010年以后可能要达到近4000座。总之，按照国家的要求，2010年城市要达到70%~80%的污水处理率，36个核心城市按照最新的要求，要达到100%的污水处理率。在国际上来说，污水处理的成本和供水是相当的，原来我国水价里没有完全考虑这个因素，十年前的水价里面就没有污水处理费，所以这几年涨得非常快，但是，仍然和我们处理100%污水的要求有很大的差距。

污水处理在国际上的基本通行标准是叫做"污染者担负"，中国译成了"谁污染谁治理"，实际上就是谁产生了污染谁就是责任主体。城市污水的污染是谁产生的？不光是工业企业，任何居民使用自来水的时候排出去的都是污水，由使用的人来承担处理费也是国际公认的，一般情况下这都是居民担负的。

三、污泥处理处置的成本

污水处理完以后并不是说就安全了，污染物会转移到污泥里面，即便像北京、上海这样的核心城市，70%～80%的污泥也没有得到真正稳定化的处置，大部分一堆了事，一旦下雨就会进入河流或者污染地下水。原来的水价里完全没有考虑污泥处理处置费用，按照国际通行方式，污泥处理处置的费用与污水处理基本相当。

污水处理费收费不足，污泥处理费则是原来水价的空缺，但事实上，老百姓付的水价应该由供水和污水共同组成。

四、我国资源型产品价格的提高

国家发改委多次提出要推进资源型产品价格的改革，和电力、天然气、成品油等一样，水也是其中之一。原来，人们认为水资源是取之不尽、用之不竭的，要付也是几分钱的费用，但是到今天，水已经成为战略性资源了，水资源费在逐步提高。水资源费的提高并不会增加供水和基本的原料成本，这部分成本主要由国家通过税收和费两种形式承担，目前国家采取的是"费"的形式，基本上以地方政府收入为主。

五、效率因素

供水行业是国有企业里改革最晚的几个行业之一。有一种效应称之为"锅底效应"，政府很多服务责任以不同形式进入供水企业，供水承接了很多非企业性的行为，客观上造成了供水公司不同程度的人员冗余、效率低下。同时，成本约束机制的不健全进一步加剧了成本的倒挂。

这几个因素造成了这几年来水价持续增长，也是近期许多城市水价调涨的根本原因，当然还有其他很多因素，但是这几个是其中最主要的。

之二：认知供水行业的基本现状

目前城市供水规模每年 540 亿吨，供水服务人口接近 4 亿。城市供水比例十年中发生了结构性调整，十年前工业用水占城市供水的 65%，而目前生活用水比率逐渐加大，已超出了工业用水。

供水设施的资本总量持续增加。供水管道占供水资产的 50% 以上，是用水保障的关键，也是有效降低漏损的基础。全国供水管道长度逐年递增，增幅逐年加速，很大程度地填补了过去的管网投资不足，城市供水设施不足问题得到了一定改善。但是旧管网的更新改造欠账巨大，过多漏损和水质保障的矛盾没有得到有效缓解。

城市供水行业的改革是随着水业市场开放的不断深入而逐步深化的。2002 年建设部颁布《关于城市公用事业市场化改革的指导意见》，2004 年，又颁布了《市政公用事业特许经营管理办法》，明确了市政公用设施委托特许经营的行为准则，使城市供水行业的改革取得了实质性进展。

一、特许经营改变了政府服务的单一关系

由于供水行业存在的自然垄断性、公益性、不可替代性等"公共产品"特性，长期以来，城市供水行业基

本由政府进行投资、建设和经营，面临着效率、服务和投资不足的瓶颈。引入市场机制后，供水行业的具体投资和服务在保证人民群众的基本需求和城市基本功能的情况下，逐步走向市场，由各种类型的市场主体提供，这些类型包括了外资企业、民营企业和国有改制企业，目前经营供水的社会主体占据20%多的市场份额，仍然保留了70%～80%的属地性供水公司，这些属地公司中大部分改制成了国有控股企业。

实施特许经营制度带来的变化体现在以下几个方面：投资主体多元化，国外资金和社会资金的注入改变了城市水业原来单一政府投资的结构；运营主体企业化，政府在各种性质的企业主体之间选择经营者，引入竞争机制；经营模式多元化，在特许经营的框架之下，各地根据实际需要，采用了不同的市场经营模式，如：中外合资经营模式、供排水一体化经营模式、水厂BOT单元经营模式、供水企业改制经营模式、全面私有化经营模式、委托管理模式等服务模式。这些改变使政府由原来供水服务的唯一提供者转变为行业的监管者和协调者。

二、产权改革使资产价值和投资收益进入前台

中共十六大之后政企全面分开，推进了供水行业的产权改革，改革不仅改变了经营模式，而且伴随产业的变更。供水行业产权改革的主要形式是产权多元化，由于没有区分公用事业特殊的产权关系，供水行业基本套

用了一般竞争性行业的产权改革方式，简单借用了产权与事权相统一的原则。而在国际上，一般会考虑公用事业资产的安全性，将市政公用事业的市场机制约束在经营环节，而将产权留在非资本性的财政体系之中。

　　由于无法实现产权与经营权的合理剥离，产权改革左右了经营权改革的方向，使供水行业改革在一定程度上演变为产权改革，这种演变使资产权重进一步加大，资本性成本加大，在成本中占据主要地位。

之三：水价的性质、组成与现状

价格连接了生产和消费，是市场经济体制的核心标志。在中国城市水业推进市场化改革的背景下，原先立足于社会福利的"水费"，1998年之后逐步转型为立足于市场供需的"水价"。

但是，对于城市水业来讲，其产品既有商品特性，又有公共必需品特性，更与水资源的制约和环境保护紧密关联，同时自然垄断特性限制了竞争机制的引入。因此，水价的组成、形成机制以及监管方式成为一个国际性难题。

水价构成的沿革在一定程度代表了城市水业成本体系逐步完善的过程。在城市化初期，水价的内容仅限于城市从自然中取水、净化、输送和排放的成本与收益，也就是传统意义上的城市供水价格；当城市污水的排放对自然的影响超出了自然水体的自净能力，水价中加入了污水处理和环境补偿的费用，也就是传统意义上的城市污水处理费和排污费；当城市就近水源不能满足城市发展的总量需求，远距离调水甚至跨流域调水的成本进入水价，形成"水利工程供水价格"；当水资源总量稀缺，不能满足"以需定供"的水资源配给方式，水资源开始有价，并且以成本形式进入水价，形成"水资源费"。

中国完成这一系列沿革用了不到十年。2004年初,国务院以文件形式明确了城市水价的四元结构组成,即水资源费、水利工程供水价格、城市供水价格以及污水处理费四部分。

水价的四元组成明显具有不同属性,产生于不同背景。因此,需要对不同组成部分给予不同的、可操作的定价目标,也需要为水价的不同组成部分制定不同收费形式、使用原则和管理层次。

如果我们沿用一般意义上的水价概念,把消费者支付的四元组成部分统称为"水价",那么,从决定水价的政治、经济、社会等综合因素出发,水价可按属性分为资源水价、环境水价和工程水价。

我们将对应于水资源稀缺而产生的水价称为资源水价;将对应于环境修复和补偿而产生的水价称为环境水价;将对应于各种工程投资和服务提供的水价称为工程水价。

目前在中国,水资源费属于资源水价,一般以费的形式收取,以后会演化成水资源税,标准由政府确定,不需要按照价格进行听证和成本管理,最终进入政府财政。城市供水服务价格以及部分城市具有的引水工程价格,属于工程水价,是以成本和服务为基础的水价,也是其中真正属于"价格"的那部分,约占公众支付的总价的50%,是目前价格和成本监管的重点。而各种环境补偿性收费包括污水处理费,则属于环境水价,环境水价一般是供水公司代收,之后进入了地方政府财政,严格意义上讲它不是一种价格。

在这三种成分中,由于性质的不同,调整方式也不同,只有工程水价依据成本,而资源水价由资源稀缺程度所决定,环境水价则由国家环境政策所决定。城市供水价格毫无疑问是一个基于成本的工程水价。公众真正能够影响的主要是工程水价那一部分。

中国目前水价现状:水作为生活必需品,具有不可替代性,其价格需求弹性很小。随着水资源紧缺程度的加剧,水务产品或服务价格都有上涨的趋势。据中国水网提供的数据显示,我国 120 个大中城市生活用水价格和污水处理费都呈现稳步增长趋势(见下图)。扣除通货膨胀因素,供水价格增长幅度缓慢,污水处理费增长较快,由于一同收费,一定程度挤占了供水价格空间,随着资源价格的提高对供水价格空间的影响将更大。

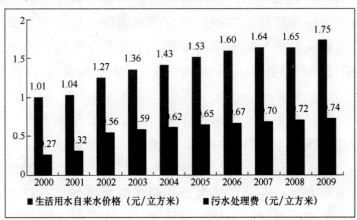

之四：如何在供水的自然垄断中引入竞争机制？

城市供水具有自然垄断性质，如何在自然垄断行业中引入市场机制约束成本、保障服务是国际水务的共同难题。竞争机制的设计一般包括两大类型，一是准入竞争，二是过程竞争。

准入竞争简单地讲，就是在政府拥有资产的前提下，面向社会公开招募专业化的服务企业，这些企业以一定的服务质量为基础，通过服务价格的高低来竞争一定期限内的服务权，这种模式就是特许经营。特许经营模式保持了政府最终的产权所有和服务责任，有些类似业主委员会招募物业管理公司，不过与之相比，水业服务的期限要更长，服务的内容、难度和专业性也要更强。

过程竞争是在不能设计准入竞争模式控制成本、保障服务情况下的必要手段。简单地讲就是通过比较服务企业之间的科学成本和服务水平，明确服务企业的合理成本，并以行业平均成本为基础形成服务价格。这种管理称为绩效管理，也称标杆管理，在国际水务同行中广泛采用。但是需要以经营企业一定程度的信息公开和较为准确的统计数据为前提，这些信息是进行横向比较的基础。纵观中国已存在的供水经营现状，针对国有公司一般已经难以设置准入环节,因此过程竞争的设计对控制成本和提供服务就非常重要。目前中国正在制定的成本监审办法,走的就是过程竞争这条路。

在过程竞争的管理模式下,针对价格管理,有两种不同的方法。

一种是激励型定价模式,其典型代表是价格上限定价模式,英国采取的正是这种方式。简单地讲就是通货膨胀率和效率提高因素,5年定死一个调价公式,企业可以在满足服务条件的基础上,调整自身的成本,追求利润水平最大化。

另一种定价模式是成本价加成模式,这种模式现在广泛应用于美国、德国等大部分国家,包括中国。这种定价方式是在保证企业能够收回全部投资成本的前提下,通过控制企业成本和制定企业投资回报率的合理空间,使企业得到有限但公正的报酬。把握公正性的关键在于企业的定价成本要科学、合理。

1998年中国《城市供水价格管理办法》的发布,确定了我国城市供水价格由供水成本、费用、税金和利润几部分构成,明确了企业平均净资产利润率为8%～10%。这一规定奠定了中国成本加成供水水价的原则和基础。既为供水企业留以一定合理利润的空间,又为政府监管的实施留有余地,同时也体现了公用事业的社会福利性,就中国目前的现状而言是比较适合、具有可行性的管理模式。

2004年1月起开始施行的《水利工程供水价格管理办法》同样承袭了成本价加成模式,成为工程水价的另一个制定依据。

2006年3月国家发改委颁布的《政府制定价格成本监审办法》开始实施，2007年8月国家发改委颁布的《定价成本监审一般技术规范》开始实施，为政府价格主管部门的成本监审提供了法规依据。

但是这些规范都是针对社会全行业的总体规定，并不专门针对供水行业，因此条款设计比较注重整体的原则性，缺乏有行业特点的针对性，需要在此基础之上根据行业特点制定更具体的规范。

虽然这两个部门规章是从注重宏观层面出发，但也为供水成本监审明确了几个重要的原则：合法性原则、相关性原则、合理性原则。在合理性的原则之下，理清了行业平均成本的思路。

供水服务属地性强的市政设施特点以及自然垄断的经营性质，导致其在单一城市中的市场主体相对单一，加上中国的供水服务信息公开程度极差，因此如何获得合理的平均成本进而衡量某一企业的成本难度相当大。这也是虽然供水成本监审非常重要，但具体实施办法却迟迟不能出台的原因。

之五：三个手段保证水价改革的公平与效率

众所周知，供水是政府提供给老百姓的公共服务，国际上的基本观点认为供水并不是普遍意义上的公共服务，所以要执行受益者支付原则。但是，供水的公共服务特性与使用者支付原则或者说受益者支付原则并不矛盾。

要实现二者的结合，体现水价改革中的公平与效率问题，需要使用三个连环手段。

一、提高价格，覆盖高水平服务的全运营服务成本

对于水价可提高的空间，国际上和世界银行一般是按承受率测算的，世界银行给出的范围较宽，不超过5%；国际上一般通行的是2%～3%，中国大概在1%～2%左右。中国在2%以下的水价支付比率都是合理的，如果超过3%的话，政府对贫困人群采取一定的补偿机制也是未尝不可的。

从这个角度讲，我国水价在合理承受力上还是有上升空间的。另外还要看政府的态度，如果政府给低收入人群补偿的多，水价的上升空间就会大。

水价改革的终极目标是要真正体现我国水资源的稀

缺性，这是国家制定的目标，因为水价里面担负了一定的政策性质。从运营成本来看，按照国际运营标准要覆盖全运营成本，我们建议的模式是：沉淀性资产投资由政府投资，实施资产和经营权适当分离，这就要求政府更多地进入到投资成本领域。如果政府承担一部分的资产回报成本，这部分就不会进入公众支付的价格范围，从而在高的服务标准之下，缓解了部分公众的支付压力。所以，水价覆盖全运营成本加上合理收益是基本的目标，运营全成本是需要消费者支付的，而不能简单定义为福利完全让政府税收来支付，这样既不利于节约，也不能体现受益者支付的原则。

在这个目标之下，随着中国水环境治理的到位和水质保障的加强，水价也有可能出现下降趋势，但就目前情况而言，恐怕还须时日。

二、健全政府对穷困人群的补贴机制

政府提高水价，在提高价格的同时还要考虑对弱势群体的保护。因为并不是所有人都支付得起提高后的价格，对贫困人群进行补贴是国际上的一致做法。间接方式是，通过社保，考虑水价增加的因素来增加社保份额，最好能够明确补助的水价因素；直接方式就是发用水补贴，老百姓用水在最低水量之下政府允许其少付钱甚至减免，这种形式的补贴是最有效的。

提高水价的同时，政府可以对城市里真正支付不起基础水费的人做一定减免。那么，自来水的价格实际上只是对富裕人群或者能支付得起的人群增加了，这样虽然水价收入的总量是增加的,但是并没有加重弱势人群的负担。

虽然这一措施的完善还需要一个较长的过程,但是从某个角度来讲具体的制定工作已经展开了。

所以说,水价要由消费者合理担负,但并不是完全由消费者平均担负。如何能让消费者的负担总体上轻一些呢?政府有它的投资责任,要由财政列支部分来支持基础行业投资以体现它的公益性,另外重要的一点就是,政府从社会保障角度要保障低收入人群的用水,降低他们的支付压力。

三、服务的公开化及成本的透明化

建立绩效管理体系,让平均成本成为定价基础。

现阶段,消费者对于水价上涨有很强烈的抵触情绪,其中一个很重要的原因就是供水成本的不透明,以及对自来水公司服务水平(水质等)和成本约束机制的不满。

供水服务是公共服务,需要被服务者的充分参与。在我国主要通过听证会的形式,听证会象征意义大于实际意义。基本上让外行在几天之内或者一天之内对审计报表、成本监审全部了解,是不现实的。很多人反对涨价,听证会基本上成了一个撒气的地方。

应该做到真正的公众参与,因为要调整水价不仅是国家和企业的意志,也是为保证老百姓健康安全着想。所以,应该是更广泛、连续的群众参与。没有公开化的机制为基础,靠听证会不会有实质性的作用。

应当把水价的成本透明给老百姓，不一定是全部的细节，至少是一些关键性的服务和成本指标，因为再多的专业性细节老百姓也看不明白。就像上市公司一样，发布年报、半年报、季度报，这个报表是不能随便改的，应该借鉴上市公司的做法，自来水公司要发布自己的相应统计数据和基本的经营数据，这个数据是老百姓以听证方式进行参与的基本手段和基础，也应该是调价的基础。

如果这三个连环手段能够得到很好的结合，那么，水价改革的公平和效率问题就能得到基本保证，进一步的完善还有更多更细致的工作则需要政府、企业和公众三方的配合来完成。

之六：雾里看花　水价的政治性因素强过经济因素

水价可以称为中国最为复杂的价格。这种复杂在于它不仅是政府定价，而且是地方政府定价，因此搀杂的因素必然异常复杂。

水价虽然称为价格但却并非是由供需所决定的市场价格，而是政府根据多种因素的综合定价。水价的复合性使成本因素常常被政治和社会因素所掩盖，进而导致供水价格的确定并不能按照价格管理办法规定的那样依据成本实行。从整体而言，水价已经不是一个基于成本的经济概念，更多的是一个包含诸多社会和政治因素的综合概念，而且往往背离成本基础。

水价的政治性强，除了与水价的复合性相关外，还与水价管理的属地性相关。供水服务属于市政公用事业，是以城市政府为主体的属地性服务。但是城市的水资源、城市规模等方面存在巨大差异性，因此需要属地性的管理和成本监审，不可能像电力一样由中央统一监审和定价。

水价管理的调控性特征也加强了水价的政治性因素。价格是最主要的政府调控手段之一，在地方城市政府所掌握的为数不多的价格手段中，以水价手段最为敏感和突出。因此，水价虽然在居民支付比例中所占很小，却往往搀杂了过多的政府政策性因素，水价调节手段在多种层次被滥用，政治事件、人事安排、物价指数、引资政策以及许多灰色的因素，都能够直接影响地方政府的水价调整。

以上因素，使水价在地方很大程度被非经济性因素所左右，而且在城市供水中尤其如此，城市供水价格的形成机制大都背离了成本基础。与城市供水相比，资源水价和环境水价因为中央政府的干预受地方影响因素相对较小。

之七：水价之痛 不信任引发恶性循环

作为供水行业经济管理的核心，水价对不同的关联者有着不同的作用和含义。对于城市政府来说，一方面通过综合考虑社会总体情况对水价调整进行控制，另一方面希望供水设施投资能够满足城市经济社会发展的需要；对于企业来说，水价是体现产品（服务）价值的载体，是企业发展的动力和源泉，因此提高水价是他们的追求；对于公众来说，水价直接影响到日常生活必需品的消费支出，为了尽量减少生活开支，降低水价是他们的希望。长期以来，政府、企业、公众各自从自身利益出发，对水价的调整持不同的观点，理顺三者关系一直是价格管理中的难题。

一、自来水价格调整缓慢

正确协调政府、企业、公众三方关系，清晰划分政府与企业责任体系是水价调整的关键。现实中，虽然有城市供水价格管理办法的指导，但供水水价远远没有达到市场和企业的预期。

调研中发现，上海市的水价调整并没有令自来水公司得到真正的收益，绝大部分资金被用于补贴原水工程，使自来水公司的积极性受到挫伤，增加了供水企业与政府的分歧。另外由于要保障低收入群体用水和稳定公众情绪，政府长年不调水价，据上海物价部门提供的数据，上海7年来供水价格只增长了10%，而同期全国平均水平是每年增长7%。供水企业虽然承受巨大资金压力，但仍然必须完成"政治任务"，要提高水质和服务水平更是有心无力，企业运营陷入"低价低质"的两难境地。2008年年底，上海居民自来水价仅1.03元/吨，在全国36个大城市中居于后三位，水质保障水平可能也在后三位，与国际都市地位极不相称。

上海的情况在全国有一定普遍性，"低价低质"是全国供水行业的普遍问题。

但是水质压力不能成为调价的理由，价格管理办法只承认成本和收益，因此每次调价，供水企业必须拿成本说事，而成本的不公开和公众的不信任，约束了成本在调价中的作用。

二、调价滞后

调价滞后也是影响供水价格的因素之一。水价调整不但受到包括通货膨胀率、CPI、政治因素等多方面的制约，而且往往要求契合"时机"，无形中增加了调整障碍和难度。另外，调价程序过于繁冗，调整一次水价时间过长，从审核成本到组织召开听证会，再到当地政府研究，上级政府发改委部门审批。调研发现，水价调整时间普遍超过一年，有的甚至更长，往往刚完成一次调价，新的水价就已经不能反映企业的实际情况，新一轮的调价又要开始。

三、亏损加剧了成本失控

　　由于供水企业的价格直接受制于政府,企业运营和盈利状况普遍不佳,微利甚至亏损之下,企业经营者想方设法通过加大定价成本等方式获得生存与发展空间。由此导致企业使用非正常的加速折旧、利润向三产转移等方式,故意将成本"做"大。即使是在合法核算的情况下,企业也是尽可能采用设施快速折旧,将资金转移至资本公积,变为自有资金使用,使账面显示为低利润或亏损,并在法律允许的范围内大限度提高职工福利,加大成本,转移收益,使相当大的一部分资金游离于成本监管之外。而用于提高服务、改善水质的投资则难以保障。

之八：供水之惑 水价与水质的艰难选择

很多人都曾经有过这样的经历，水龙头流出来的自来水有些浑浊，于是先接到容器中放一放，或者在水中加点明矾之类的东西让水清澈以后再使用，可是当老百姓家里的水龙头中流出红线虫或者是黄黑的泥沙时，人们又该怎么办呢？

一、被忽视的水质问题

对于这些肉眼可视的水质问题，老百姓们或许还能找到一些应对措施，而对于肉眼无法识别的污染物，老百姓们又能做点什么呢？根据2005年中国环境科学研究院的报告，在我国不少城市饮用水源中检出数十种有机污染物，许多有机污染物具有致癌、致畸、致突变性，对人体健康存在长期潜在危害。

对于有着"水煮沸后再饮用"传统的中国人来说，通过煮沸祛除了水中的大部分挥发性有机物并杀死病毒和细菌，在一定程度上规避了因为水质问题造成的伤害，但是也因此造成了中国老百姓对水质问题的忽视，错误地认为"水"只要烧开后再使用就能保证安全了。事实上，煮沸后的水并不能完全消除因环境污染而进入水中的溶解性有机污染物和重金属，而它们对人体的危害具有较长的潜伏期,而且危害是长期性的。

除了饮用水,我们日常生活中还有许多用水方式影响我们的健康和生活,根据国际健康医学的研究,水中污染物是通过多种渠道进入体内的,人类身体所吸收的水中挥发性物质有1/3经过淋浴时由皮肤吸入,有1/3经口进入(包括饮水和食物),1/3在洗涤或洗浴时通过呼吸进入。因此,一旦自来水中存有污染物,对老百姓的影响可谓是无处可逃。

另一方面,有些地方政府为了避免老百姓因为水质问题而引起恐慌,也为了自身的政绩而掩盖水源污染造成的水质问题,在自来水水质问题上采取回避的方式,从而助长了部分自来水经营企业隐瞒水质实情的不良之风,而对于老百姓而言,很难了解真正的水质状况。

二、认知水质现状

在政府、企业和公众的三方不良博弈中,有意无意间,共同忽略或牺牲了水质,而水质恰是供水服务的核心。政府因为社会稳定不敢正视或者有意回避水质问题;企业因为缺乏资金无力解决水质问题;公众因为不知情而忽略水质问题。

实际的水质保障情况是怎样呢?2007年7月,国家正式执行新的饮用水水质标准,新标准对饮用水水质的要求由原来的35项指标提高为106项指标,这是一项与国际接轨的水质标准,其中增加了很多有机污染物和重金属控制指标,因为近年来日益加剧的水环境污染已经将众多的有机污染物带入到老百姓日常生活的自来水中。有关部门的调查则显示，目前我国90%以上城镇水域受到污染，大中城市自来水的原水合格率只有约70%，中小城市原水合格率则更低。

原水污染问题已经对用水造成巨大威胁，而目前自来水企业的经营情况更加令人担忧。一是自来水厂的工艺设计，目前我国自来水厂的工艺设计绝大部分是以原来合格的源水水质以及35项水质标准为基础的，面对被污染的源水和新的水质标准，陈旧的工艺系统难以达到要求；二是自来水厂水质检测设备及检测水平，尽管国家已经将饮用水水质标准提高到106项指标，但是目前国内能够有能力完成106项指标全检测的自来水厂寥寥无几；三是即使出水厂的水质达到了标准要求，而供水系统中陈旧的管网却难以保障到户水龙头的出水水质，目前我国的供水水质测定都是以水厂的出水水质为主，而入户水龙头的水质状况却无人得知。

由此可见，我国的供水系统要实现新的水质标准尚有较大差距，而供水行业的投资不足以及长期成本倒挂的水价体系使得自来水生产企业已经丧失了水厂工艺升级和老化管网改造的能力。

三、优质的水质服务必须拥有足够资金和严格监管的双重保障

在居民日常必需的水电热消费中，用水的消费支出是最低的，而水却又是与健康最贴近的。根据《中国城市（镇）生活与价格年鉴2008》统计，2007年全国城镇居民家庭消费支出中，人均全年用于供水的消费支出

为 70 元，而同期每人用于用电的消费支出为 280 元，用于燃料的消费支出为 170 元，用于取暖的消费支出为 90 元，均远高于用水的消费支出。

长期以来，我国的供水服务基本处于一种"福利型"价格水平，水价一直低于运营成本所需，尤其是水源污染、水资源费上涨、水质标准提高之后，供水的生产和运营成本日益增高。因为长期低廉的水价，致使供水生产企业只能维系最基本的"福利型"供水服务，无力顾及水质的提高，从而导致供水行业低价低质的恶性循环。

毫无疑问，要想获得真正健康而安全的供水，必须有足够持续的资金支持。由于供水的公共服务属性，政府在供水行业的投资发展中有重要而且不可取代的责任，但是企业之外，用于直接改善供水水质的政府财政资金投入几乎没有。

另一方面，水价不能满足供水生产的水质保障的运营成本，一般国际上认为用水消费支出占到人均可支配收入的 3% 是合理的，而我国的用水消费支出不及人均可支配收入的 1%～2%。合理提高水价，是确保供水行业持续运营资金的重要手段，也是保障供水水质和服务质量的基础。

必须强调的是，足够的资金支持必须与严格监管"双管齐下"，才能有效地确保供水水质安全。价格上调的目的是为了给供水生产企业筹集足够的运营资金，以确保供水的水质安全。但是，政府部门必须对供水生产企业的运营进行严格监管，确保企业进行工艺升级和系统更新，确保企业的良好运营，并确保真正的水质达标，否则即使水价上调也可能出现不合格的供水服务。

四、建立第三方检测体系是保证水质检测公正的重要手段

公开准确的水质信息是确保水质安全的重要基础。目前，我国有关部门已经在水源保护、在经营环节引入竞争机制提高运营效率、严格控制企业成本等方面采取了一系列保障水质的措施。但是，供水行业的现行水质检测体系仍然存在一些问题，一是面临新的水质标准，检测设备的更新需要较大的投入；二是目前各地的核心水质检测中心绝大多数在人事关系和经费来源上隶属于当地自来水公司，只是名义上的独立，水质检测数据的可信性存在质疑。而建设部每年官方公布的供水水质合格率都高达98％以上，这样的合格率能不让人怀疑？

将水质检测中心从自来水公司分离出来，只有由政府从财政支出中专门列支供水检测费用，建立第三方的水质检测体系，同时建立信息公开制度，及时向公众公开有关供水的水质信息，才能真正做到为民提供"健康而安全"的供水服务。

饮水质量是重要的民生问题，直接关系到人们的健康和社会的稳定与发展。城市供水水质已经成为一个非常专业且又与日常生活息息相关的突出问题。但是，目前在许多城市，甚至像上海这样国际化大都市的居民，都还没有真正意识到水质对生活和健康影响的重要性，没有意识到许多慢性疾病与饮水的关系，简单地把供水

视同于电、气等品质区分度很小的公共品,实际上这是极其错误的。同样一瓶在色觉和味觉上相同的瓶装水,价格可以相差几倍甚至十几倍,瓶装水价格更是自来水几百倍,而造成差异的正是水质——这一被忽略的基本属性。

之九：力不从心　目前价格管理的不适应

目前城市供水价格监管的宗旨是在《城市供水价格管理办法》、《会计准则》等相关法规的框架约束之下，建立以合法性为重心的管理模式。在这些法规的监督和引导下，企业行为准则也均以合法为界限。

虽然新的政策体现了合理性的政策方向，但是受城市供水的垄断产业性质和长期信息封闭的影响，加之绩效管理工具的缺乏，政府难以对合理性做出判断。

许多城市形成亏损—调价—再亏损—再调价的简单循环，企业、政府、公众多方都不满意。

在传统的计划经济条件下，城市供水服务由政府或其拥有的企业直接提供。在市场经济条件下，符合市场原则、充分运用竞争机制的特许经营制度通过契约合同方式改变了这种状况。供水市场投资和经营呈现多元化趋势，外资、民营、国有控股、国有改制等多种经营方式不断涌现，传统供水经营模式也大量存在，城市供水市场已经由政府主导型向经营多元方式转变。

由于供水行业具有市场经营风险小、现金流量稳定的特点，而且一旦得到特许经营授权，投资者的合法权益将得到有效的保障，因此供水行业对国外资本、民营资本具有很强的吸引力。在供水市场进一步开放的政策下，已有大批的社会资本涌入城市供水行业，纯国有运营的企业在逐步减少，社会企业的比重在逐步增加，社会企业运营将成为今后的主导模式。

1998年所设定的主要针对传统国有供水企业的价格监管模式已经不能适应城市供水行业发展的需要。主要表现在以下几个方面：

一是供水水质和服务的监督薄弱。传统供水企业因为隶属行业管理部门，供水水质和服务的监管是通过行政和人事体系的管理间接实现的，价格管理由物价部门实施；但是在特许经营体系中，市政监管部门与社会企业之间则是契约关系，政府与企业之间已经没有隶属关系，而以价格监管为核心的经济监管则是政府最为有效的手段，如果没有价格监管与水质和服务监管之间的协同，水质和服务的监管则很容易因为手段缺乏而失位。

二是对企业经营成本的约束手段不足。社会企业的逐利性，使政府需要建立价格监管的工具平台，为合理性和科学性提供保障，以应对社会企业与政府之间的利益博弈。

三是不利于形成优胜劣汰竞争机制。特许经营实质上是一种竞争机制，打破了行业"终身制"，而原来简单认可成本和收益的做法，不利于促进企业提高效率，不利于经营企业的优胜劣汰。

之十：政府在供水领域的公共服务责任落在哪里？

众所周知，城市供水是基本的公共服务，而供水实施以价格为核心的使用者支付原则，让被服务者承担全部运营成本，那么政府在城市供水中的公共服务责任体现在哪里？

政府有义务为保障城市供水提供可靠的、可持续的、均等性的服务，提高服务效率、实现合理的服务成本。为了达到这个目标，政府可以选择自己通过事业单位来服务，也可以选择企业来经营。在中国，政府自己经营供水持续了几十年，虽然收费低，但是服务差、效率低，换来了"水霸"的名声，已经被社会所放弃。

特许社会企业经营并不妨碍城市供水的公共服务性质，政府仍然对城市供水负总责，企业服务出了事，主管部门应该承担第一责任。

政府尽到公共服务责任体现在以下方面：通过监管实现对供水服务价格和服务质量的约束；通过适当的投资补助来调节总体服务价格，同时以定向性的弱势补助来实现服务的均等性，让属地所有人享受同样质量的服务。

对目前中国的供水情况而言，水价监管缺乏科学性和公开性，水质监管存在体制性缺位，服务监管也有待加强。

供水是政府提供给老百姓的公共服务，但是供水不是普遍公共服务，所以国际上称为受益者支付原则。不主张完全拿政府税收的钱支付供水成本，因为这对没有享受供水服务的人群是不公平的（目前城市供水服务人口不到4亿人），所以一般供水采用全成本核算，要通过付费负担基本运营成本，但是，受益者支付的原则不排斥政府特定的投资义务。

但是，政府在城市供水中沉淀性资产的投资却长期存在缺位，2008年年底，国家出台了4万亿的投资拉动计划，许多方面照顾到了，唯独城市供水被排除在外，近20年来很多政府基础设施专项列支里都很少有供水的钱。

由于政府的投资缺位将所有供水设施的投资成本全部推进了价格，造成过大的价格压力。部分城市的国资部门甚至通过供水资产溢价转让，从供水行业中抽离资本，更是对供水公共服务责任的迷失。

目前，水环境恶化，水源地已经不是二三十年前的水源地了，大量污染水源产生，原水现在的合格率不容乐观。原水污染的环境代价由城市供水行业担负，而水环境污染的收益已经部分体现在了政府税收之中。因此需要一定程度的政府投资和中央政府的转移支付来补偿。

另外，一户一表及配套管网的改造都是服务于政府社会目标的投资，不简单适用于使用者支付的原则。因此，建议政府财政专项列支，集中完成水表改造和管网更新投资，为阶梯水价的有效实施解套，尽到政府应尽的公共责任，降低水价总体压力。让公众支付的水价集中覆盖运营服务成本。

政府城市供水的公共服务责任，除了沉淀性设施的投资之外还包括对弱势群体的补贴，以实现供水公共服务的均等化。政府在提高价格的同时还要考虑对弱势群体的保护，因为价格提高了并不是所有人支付得起，对贫困人群进行补贴是国际上一致的做法。间接方式是，通过社保，考虑水价增加的因素来增加社保。直接的方法就是用水补贴，老百姓用水在最低水量之下政府允许其少付钱甚至减免。

阶梯水价不仅实现节约用水，而且本身也是实现政府定向补贴的一种有效机制，因此在实施上需要政府推动和投资。

之十一：不要妖魔化外资水务

伴随着中国水业的改革开放，外资水务企业凭借自身资金、技术和管理方面的优势在中国获得了大量的水务项目，尤其是2002年以来供水系统服务的开放，更是在供水行业中掀起了整体并购水务企业的风潮；2007年的供水溢价收购风波再次引起业内人士以及公众对外资水务企业的关注。

外资企业在为中国供水市场带来技术、资金、管理经验的同时，引发了中国社会对水务公共设施安全的高度关注，尤其是资产溢价收购的现象多次出现，引发了公众对水价飞涨的担忧，也引发一些对民族产业发展困境的忧患。面对2009年全面的水价调整，外资企业因为之前的溢价表现，备受质疑，几乎被当成提高水价的元凶。

一、外资水务企业在中国的发展历程

总体来说，外资水务企业在中国供水行业的发展到目前为止可以分成四个阶段：上个世纪90年代是我国发展城市水基础设施的一个建设高峰期，也是外资水务企业大量进入中国水业的第一个阶段。上世纪90年代末和本世纪初是外资水务企业在中国发展的第二个阶段，因为中国政府对投资固定回报项目清理，外资水务企业调整市场战略，部分财务型企业退出中国市场，部分战略型企业借助中国市场开发的深入，更加积极地进入了供水系统服务市场。

第三个阶段伴随着中国城市水业市场化改革的全面推进，随着国内市政公用行业市场化改革的不断推进和市场的不断规范，以战略型投资为主的外资企业再次关注中国水务市场，增强了在华投资、运营的信心。战略型企业的投资方式由原来的针对自来水厂的单元服务模式向针对整个自来水公司的系统服务转型，加大了投资难度、风险，也扩大了投资收入的潜力，出现了普遍的资产溢价收购。

2008年以来，由于金融危机的影响，国际上也掀起了"国有化"的浪潮。在财政政策和金融政策转变的宏观背景之下，中国水业一定程度地出现了"国进民退"现象，由于受到社会和政府对外资收购意图质疑的影响，外资战略水务企业的收购步伐明显放缓。

依据中国水网的统计数据，截至2008年年底，6家最有影响力、最活跃的外资水务企业威立雅水务、中法水务、中华煤气、金州环境、汇津水务和美国西部水务共获得签约供水项目50多个。从项目的供水总能力来看，这6家外资水务企业所涉及的供水项目的供水总能力达到2000多万立方米/日，相当于全国供水总能力的8%，如果按照企业持有股权进行折算，则目前这6家外资水务企业在中国供水市场中的份额约在4%左右。

二、外资并购对城市供水价格未产生实质影响

笔者对 2002 年以后的城市水价进行了深入调查和分析,针对 11 家外资水务企业和国内大型水务公司所进入城市的地方水价调整情况分析,结果发现水价并没有因为社会企业(包括外资企业)进入供水市场而对当地的水价调整造成明显的影响。

1. 36 个核心城市的调价比较

我国 36 个重点城市的供水改革较其他城市比较活跃,也是社会水务企业(包括外资水务企业)最为关注的区域之一。在这些社会企业进入地方供水市场之后,水价当年调高的城市有 4 个;有外资企业进入且水价当年上调的城市为 3 个。

社会企业进入后,自来水供水价格于第二年及以后上调的城市有 7 个。社会企业进入后未调整水价的城市有 5 个。

在没有社会企业进入的 20 个城市中,有 18 个城市有过自来水供水价格的调整,其中有过三次调价的城市为 4 个;有过二次调价的城市为 9 个;仅调整过一次水价的城市为 5 个;而从没调整过自来水供水价格的城市有 2 个。

对比分析结果发现,在社会企业进入的 16 个城市中,合同签署当年自来水供水价格上调的城市有 4 个,社会企业进入的随后年度里自来水供水价格上涨的城市有 7 个,社会企业进入后自来水供水价格没有上涨的城

市有 5 个，城市自来水供水价格上调的城市占有社会企业进入城市总数的 68.8%。

在没有社会企业进入的 20 个城市中，拉萨和沈阳 2 个城市八年来没有调整过水价，而有 18 个城市进行了自来水供水价格的调整，在没有社会企业进入的城市中的比例为 90%。从上面的对比分析来看，社会企业的进入并不是地方水价上涨的必然原因。

2. 161 个地级市的供水价格调整与社会企业的进入情况

笔者从中国水网现有的水价数据库得到 161 个地级市（不包括 36 个重点城市）的供水价格，将城市划分为有社会企业进入的地级市 43 个和无社会企业进入的地级市 118 个。

对比两类城市的供水价格发现，46.51% 的有社会企业进入的地级市的供水价格分布在 1~1.5 元/吨这个区域内，也有一半（50%）无社会企业进入的地级市的供水价格分布在 1~1.5 元/吨之间，有社会企业进入的 43 个地级市的供水价格平均值为 1.45 元/吨，无社会资本或是外资进入的 118 个地级市的供水价格平均值为 1.48 元/吨，略高于有社会企业进入的地级市的供水价格平均值。可以看出，社会企业的进入至少到目前为止并不是供水价格上涨的必然原因。

从上述分析来看，前期社会企业（包括外资水务企业）进入城市的供水领域目前还没有给供水价格上涨带来决定性的影响。

三、给战略性外资的进入一个客观的评价

根据外资的不同意图,外资水务(投资)企业可以分为财务型投资企业和战略型投资企业两大类。财务型投资者一般都不具备供水行业的专业背景,而是以获取市场投资回报为本,通常是通过短期资本运作而获得高额利润。财务型外资企业的进入对于推动我国城市供水基础设施的建设和发展曾经起到了积极作用,但是财务型外资企业以资本运作为本、以短期投资回报为核心的特性决定了他们在中国供水市场中的短期行为特点,不能适应城市供水长期投资的产业特点。也因此引来回报过高的指责。

战略型外资水务企业通常拥有丰富的水务运营经验,具备良好的技术储备和专业的管理技能。他们了解供水行业及其市场的特性,不会将短期的投资回报收益作为其收益方式,而是希望通过投资获得服务市场,并通过长期的服务和稳定的现金流来获得收益。战略型外资水务企业对于其投资的项目会有长期的发展战略考虑,他们重视企业的技术革新、重视员工的各种培训、重视企业绩效水平的提高。

供水行业是城市的生命线工程之一,因而政府在选择合作企业时,不应过分强调资金的引入,而应当认真分析并判断其意图,选择信誉良好的、具有长期发展战略的专业型水务集团,这样可以降低一定程度的风险,对于以财务投资为重的企业则应当慎重考虑。

之十二：都是民营化惹的祸

2009年5月湖北南漳县供水水质污染，经营者是一家民营企业；2009年7月内蒙古赤峰供水水质重大污染，经营者又是一家民营企业。有人就问我，供水市场化、民营化是否错了，是不是应该退回传统国有经营，我有不同意见。

南漳和赤峰的问题，从运营主体上讲，问题出在非专业性上，而不是民营化或市场化上。

供水服务是一种专业化服务。一般情况下经营风险很小，因此吸引了一些外行企业和资本性企业的进入。但是中国供水的原水受到污染，出水要求在不断提高，同时在社会关注日益提高的背景下，对于非专业公司来说，供水经营的风险很大，而不是很小。

政府将公共服务委托专业企业完成，这就要求服务主体具备比政府更强的服务和管理能力，包括技术、经验、资金、人才等各方面的能力，这些既是支撑运营服务主体能够持续尽责的前提，也是供水服务保障和可持续运营的基础。

一个运营企业是否具备以上这些支撑条件，核心是依从市场原则来判断，即依据企业商业信誉，也就是既往业绩和品牌来选择运营服务主体。坚决不能让没有任何行业服务经验的资本企业或者外行企业从事具体运营服务，否则必然存在巨大的经营风险。我们更加反对有当地政府资源，没有专业运营服务经验的企业进入供水经营。

供水运营服务的专业化，不体现在个人，一个经理原来在供水公司做过管理，只代表有一定经验，不等于专业化。供水服务的专业化，有些类似酒店管理公司，是一种运营服务的品牌保障、技术和人才支撑及保障可持续、稳定经营的能力，只有这样才能应对日益复杂的供水服务挑战。

一般而言，核心城市的传统供水公司因为长期的积累，基本具备了专业化服务的能力，需要突破的是体制的束缚，提高服务意识，将经验固化到品牌之中。中小城市的供水公司一般缺乏相应的人才和技术储备，严格意义上不属于专业化服务的范围。而其他行业的企业，即便资本雄厚，也离专业化相去更远。专业从事城市水务的、有规模的外资、民营、国有水务集团无疑是专业化公司的范畴，但是国内的企业主体与国际集团在专业化上尚有不小的差距。

提高供水设施运营水平的核心是促进运营服务产业化发展，这一产业化包括运营服务专业化、规模化和品牌化的内容。为了促进运营服务产业化，需要提高供水运营服务的进入门槛和产业层次。目前，中国供水设施运营服务基本停留在属地化而缺乏规模化，私有化而缺乏专业化的初级阶段，产业化程度低、规模小，亟需引导提高集中度。

南漳和赤峰的供水问题除了政府监管缺位的因素之外，最大的问题在于引进了非专业化的企业来做专业的事，出事是早晚的事。目前这样的非专业隐患在中国其他城市还很多。奉劝政府及时清理，不然可能成为下一个问责对象。其实小型国有传统供水企业，由于力量缺乏，出事也并不少，只是社会的知情度会低些。

判断服务主体是否专业化的核心不是其他各种主体所颁发的资质证书，而是企业从业的市场业绩和服务历史，这需要社会和公众通过信息系统来参与和判断。我们认为，对于关系国计民生的供水而言，专业化的门槛高一点也并不过分。

之十三：水价和成本管理之痒

具体实施成本和价格管理面临一系列专业性难点，这里列举几项公众关心的内容。

一、中国各城市供水成本的差异明显

同为垄断性公用设施行业，城市供水行业区别于电力行业，具有典型的区域性特征。由于水的传输成本非常高，难以在大的范围内对供水自由调度，不可能建立全国性的运输管网，调节全国供水市场。因此我国城市供水行业实际上是在各自区域内实行垄断经营，地方城市政府作为责任主体。不同地区的水资源条件、城市规划和布局、供水市场发育程度、供水企业经营与技术水平等决定了各城市间的供水成本差异巨大，导致成本监审部门难以简单明确而单一地确定合理的成本和监审标准。

二、人员成本面临尴尬

城市供水行业由于垄断经营特点，在传统供水公司普遍存在人员冗余现象，增加了城市供水的成本。但是，富余人员很大比例源于政府的社会安排和人情安排。调研发现，自来水公司人均收入比当地人员收入一般高出20%,部分中小城市,甚至更高。传统的城市供水行业人员成本是通过设定企业定员标准和人均工资标准来予以规定,但社会普遍争议很大,而人员数量与制水工艺、规模、抄表方式等因素相关,难以统一核定。

三、主业与副业的利益转移

目前,大多数城市供水企业的财务状况并不好。但是,很多企业虽然账面亏损,但是企业经营和福利仍然可以维系在较高的水平上。主要有两个方式实现这种不协调。一方面是供水企业通过加速折旧,尤其是占供水资产50%的管网的加速折旧,得到充裕的自有现金,其中一部分用于主业相关设施维护建设,其他则用于支付各种费用,加速折旧使成本增加,一定程度造成账面亏损。另一方面,一些成本通过协议形式合法转移进入副业公司,大部分主业企业得到副业的补贴,企业通过财务管理,进行合法的主副业相互调节。这些转移一定程度是由于没有形成合理的价格形成机制而造成的恶性循环。

四、基础数据缺失

由于城市供水以传统公用事业方式长期垄断经营,目前中国城市供水企业普遍缺乏详细的基础统计资料,很多关键的水量平衡数据、运行参数、水质状况等数据没有形成完整的统计体系,水量计量薄弱;同时许多关键数据,如漏损率存在普遍的失真问题。行业内缺乏有效的数据共享与服务技术系统和服务机制,增加了成本监审的难度。

五、供水公司的其他政策性支出

调研发现，一些城市供水公司迫于地方政府城市建设的压力，为其他城市建设项目提供了贷款或担保，这些额外支出部分亦间接进入了水价成本。也有一些城市为了配合当地政府的引资政策，对定向企业减免了水费。也有少量城市政府及事业机构少付水费，等等。这些政府因素导致的社会成本最终会体现在价格之中。

此外，产销差严重失真问题、设施超前建设产生的成本问题、投资成本差异性问题、折旧年限的确定及折旧资金的使用问题等，都是制约价格管理的难点。

之十四：阶梯水价为什么难以实施？

累进式阶梯水价是国际通行的促进节约用水，同时保障弱势用水者利益的手段。1998年开始国家就明确要求推进阶梯水价，为什么到现在只有宁波等个别城市能够做到？主要有以下原因：

一、阶梯水价需要一户一表为基础，水表改造费用由谁承担，责任不清

阶梯水价实现的前提是一家一个计价水表，就是每户都有一个抄字收费的表，行业里称为"抄表到户"。抄表到户了，才能实现阶梯水价，不然就不能知道每家用多少水。

实现抄表到户是一个供水公司管理水平高低的重要标志。因为抄表到户就要求供水企业有更高的控制管网漏损的能力，就要求供水企业有更多的收费和服务成本。而我国现在基本上还没有真正实现100%抄表到户的城市。这也一定程度地体现了我国供水行业的服务水平。

要在现在的基础上实现一户一表，就要进行改造。改造不仅有一笔不小的费用，还有不小的阻力。自来水公司在改造的时候有一定的来自自身的阻力，抄表到户的改造意味着中间一部分漏损自来水公司要自己负担了。原来的一个大表，分成十几个小表。一个大表的时候，出厂水和到户水之间的差额（部分漏损）是由居民承担的，而一户一表的情况下，这些漏损就要由自来水公司承担。所以，从经营的角度出发自来水公司不愿意往末端走，对户表改造的积极性也不高。如果让供水公司承担改造费用，也就更加困难，而让居民自行承担水表改造的费用也是不现实的，因为他对水价还有一肚子怨气呢，怎么愿意承担额外的费用？

二、计量方式的障碍，阶梯水价使抄表和收费难度加大

原来的情况下，可能是自来水公司两个月抄一次表，而阶梯水价就需要更加严格和准确的抄表和收费，成本会增加。另外，现在大部分的新小区，使用了预先缴费的 IC 卡水表，就是你一次可以买一定量的水，这些水用多久都是用户掌握，价格是同一个价格。使用这种水表的小区难以使用阶梯水价的计量方式，除非再花更多的钱，把各家的水表改成智能水表。

除此之外，阶梯水价还需要自来水公司增加抄表方面的人力投入。因此实施阶梯水价需要在一定的供水服务水平之上。

我们认为，抄表到户与阶梯水价密切相关，既然是公众收益，社会收益，就应该政府主导投资。长期以来就是由于政府回避投资责任，使阶梯水价成为空话。所以，如果要想阶梯水价落到实处，政府的投资应当有一

部分要投到水表改造上,这样的投资是最需要的。因为这部分钱,供水企业投不出来,老百姓也负担不出来,与其建很多没有实际作用的基础设施,不如将资金投到民生上,让民生落到实处。

之十五：水价听证会的误区

水务服务水平的提升带来成本的增加社会已容易理解，此轮水价调整之所以强烈触碰到百姓的敏感神经，更多是因为百姓对相关企业"犹抱琵琶半遮面"的经营现状存在不满，听证会因此成为公众和自来水公司以成本为核心进行博弈的舞台。

但是，在水价这个杠杆的两端，一端是公众，另一端却不是自来水企业，而是政府。

城市水务服务作为一种公共服务，涉及政府、企业、公众三方关系。其中，政府是此公共服务的责任主体，处于三方关系的核心位置。一方面，政府决定着公众所要支付的用水价格；另一方面，政府决定着企业以什么形式为公众提供水务服务。

无论哪一种服务形式，政府直接提供也好，企业帮助政府提供也好，水务服务成本的承担主要有两种形式：其一是从政府财税收益或土地收益中拿出一部分做公共服务，这样百姓可以不付费或少付费；另一方式则是完全由百姓来付费。在公共服务所支付的总成本中，由公众支付的那部分费用，称之为水价，这是水价的本质，也就是消费者所承担的支付责任。

水务服务成本究竟是由财政税收来支付，还是由百姓用水价来承担，还是两者组合负担？这是财政政策的选择问题。水务行业并非像电力、铁路等属国家负责的公共设施，而是地方市政设施，中国的地方政府"受困"于《预算法》，限制了其融资能力，也受制于地方没有开征物业税，地方政府的水务融资渠道十分有限。为此，1998年的《城市供水价格管理办法》就确定了由终端使用者，即消费者来支付用水成本的原则。这一原则目前仍然是主要的政策原则。但是需要强调，由消费者付费的原则并不免除政府责任，政府仍然需要与百姓协商对用水成本的价格分摊。

举例说，10块钱的水务成本需求，百姓少出，政府就一定要多出，政府少出，百姓就要多出，不能指望自来水企业成为"又跑又不吃草"的马。如果支付总量不足，就会影响服务的水平和质量。而供水质量关系着百姓的健康和生存，也关系经济发展。所以，水价本质上就是在政府和百姓间寻求平衡，政府和百姓需要进行商量，也就是需要对总服务成本中需要由公众支付多少、政府补贴多少进行协商，这种协商就是听证会。

从以上分析可以看出，消费者所负担的水价，并不是供水公共服务的全部成本，政府补贴也是公共服务的成本组成。另一方面，水务服务的总成本不仅是自来水企业提供服务的这部分成本，有相当一部分是政府公共服务的成本，如节水管理、环境治理、资源保护等。从目前北京的水价组成来看，自来水公司真正能拿到的费用不足水价的50%。水价中的绝大部分是"费"和"税"，是自来水公司收取后交给地方财政的钱。

所以，针对听证会需要澄清几个误区：听证会本身并不是百姓和企业之间进行的讨价还价关系，而是公众与政府的协商关系；水价的决定因素不仅仅是服务成本，而且要包括公众的支付意愿和支付能力；公众支付的水价高低不仅取决于成本的高低，根本上更是取决于政府财政政策的取向；水价问题不仅是百姓跟企业间的两方关系，而是包括了政府的三方关系；公众参与听证会的本意是表达民意，实现政府与公众的沟通，而不是让非专业的公众对供水成本进行专业性的审查，因为即使是专业人士，也很难在短期内对其成本的合理性进行有效判断。

目前的水价听证会已经基本迷失，如果能够理清这些关系，我们不难理解政府、公众代表以及供水企业在水价听证会上所面临的尴尬和质疑。事实上让百姓与企业面对面在听证会上进行以成本为核心的较量是不妥当的。

之十六：政府补贴为什么关照公交而忽略水价？

2009年北京水价调整方案确定，计划每吨上调0.9元，主要包括水资源费和污水处理费，这两项都是政府委托自来水公司的代收费用，而不是自来水公司的收入。这个分三年实施的计划，第一个0.3元/吨，已经实施。简单算一笔账，北京一年的供水量约为10亿吨，0.9元/吨的涨价，北京一年因为用水价格增加的费用不足10亿元。而北京一年在公交方面的补助就在百亿。水务作为最基本的民生，难道还没有公交重要？当然不是。

虽然从资金总量和支付能力上，北京政府完全可以不向百姓收取水费。但是，政府在巨大压力之下仍然选择了涨价，首先是从水资源合理利用的角度出发的。在各地水价纷纷上涨，对水价上涨的原因众说纷纭的背景下，"促进节约用水"成为政府对外宣传水价上涨的主打理由。

从中国水资源的紧张形势来看，水价总体偏低的背景下，水价的提升确实有利于提高公众对水资源价值的认识，促进节约用水。但也需要看到，当水价高到一定程度时，再提高价格，对百姓用水的影响程度就会逐渐递减，对节水意识的提升将不再有太大影响。

但是从中国总体而言，水价调整更有利于在经济社会中的资源价格及劳动价值的有效分配。对于北京这样水资源紧张的城市，一个相对较高的资源价格能够反映出水在经济社会中的合理价值。另外，中国作为一个出口型国家，若低估了自身水资源的价值，也会对国家资源造成透支。

因此，国家总体提高资源价值的总体方向符合国家利益。目前在国家发改委的努力下，水价、油价、电价等资源性产品的价格都在提高，这有利于改善我国的经济结构，有利于促进节水型社会的发展，有利于产业结构调整。

事实上，这10年来，中国城市居民人均用水量持续下降，这与我国水价调整和产业调整有很大关系。就北京而言，北京的人均用水标准已接近合理值，但也仍然有进一步节省的潜力。

另外，水价的提高还可以加大自来水和中水的级差。目前我国的污水回收率有大幅提高，但中水利用市场方面并没有拓展开来，因为自来水和中水的价差不大，百姓不愿意用中水。因此，虽然自来水价格的提升促进实现少用水的效果已经逐渐变小，但还是会带动中水的使用，客观上会降低对水资源的总体使用量。

水资源在世界范围内都呈现稀缺，现在世界主要国家都选择了利用价格杠杆来约束水的使用。提高资源性产品的价格是一种国际趋势，对全球产业结构的调整将有实质性的影响。

还有一个重要的原因使政府的补贴不愿意流向水务

服务，政府将总体有限的钱大量补贴投资公交、地铁等能够为其带来更多土地增殖收益的地方，这是目前中国地方政府比较普遍的"经营城市"的理念的体现，这些做法也一定程度推高了房价。而政府在水务服务补贴，只能惠及民生，几乎没有给政府带来因为外部溢出效应而产生的额外收益，因此，在政府补贴中经常有意无意地"遗忘"水务。

需要强调的是，对于水资源价格的调整尽管有其合理的理由，但是百姓所对应支付的部分必须是合理的，水务服务的质量也必须得到稳步的提高。因此，当在水价达到一定的均衡程度之后，当仅靠水价不能满足服务质量要求的时候，无论是否有外部收益，均需政府的提供补贴。弱势群体和其他支付能力比较困难的人群，更加需要在资源政策执行的同时，优先考虑补贴。

之十七：低质低价的破局求助于水价

城市水务是一个非常重要的公共服务领域，是县以上人民政府作为责任主体需要向公众提供的、最基本的公共服务。新中国成立60年、改革开放30年来，在政府的努力下，我国供水能力和供水覆盖率都得到了迅速提高。污水处理行业也取得了非常迅速的发展，但也仍存在着低质低价的服务现状。

首先就供水领域而言，供水基础设施大部分于建国后陆续建设，是针对传统的比较合格的水源而设置的，是按照于1985年发布的36项饮用水标准而设计的供水设施。管网方面也面对着管网老化、管材低劣、超负荷运行等长期欠账问题，影响了供水水质的保障。供水基础设施正面临着大量的提升改造。

同时，随着经济的发展，很多污染物质，特别是"三致（致癌、致突变、致畸形）"物质均在通过各种途径污染供水水源，威胁着人类健康。全国4000多家自来水公司的原水合格率低于70%。而在水源污染日趋严重的同时，低质服务问题也正在逐渐浮出水面，而且这种比较初级的服务状态，已逐步形成了很大挑战。我国已于2006年出台了新《生活饮用水卫生标准》，要求在2012年全部达到和欧盟、北美基本接轨的105项供水标准。现在全国 36 个核心城市供水服务价格的平均值仅为约 1.4 元/吨，全国则更低。

在污水处理方面，低质低价的服务状况同样存在。经过十年的飞速发展，2009 年底我国的日污水处理能力超过 10000 万吨，污水处理率接近 70%。但是这仍然远远不够，按照国务院的规定，核心城市污水处理率需要达到 100%，而且绝大部分乡镇污水没有得到处理。仅将污水简单处理排放的情形很难再持续。而我国污水处理费是从 2002 年、2003 年才开始陆续征收的，现在全国污水处理费的平均值仅为 0.4 元/吨，我国污水处理投资欠账和运营费缺口正越来越大，地方政府已难以承受。

低质低价的服务还体现在污泥处理方面。现在我国每年可处理 200 多亿立方米污水，随之会产生千万吨的污泥。而包括北京、上海这样的核心城市在内，绝大部分污泥没有得到妥善处理。按照国际通行的基本测算方法，污泥要得到完全处置，其处理处置费用实际上与污水处理费用相当，而污泥处理费用基本没有稳定来源，没有在任何地方得到合理落实。

城市水务服务尚处低水平状态，随着中国经济的发展，为了公众健康，全面提高水务服务质量必须成为社会共同的目标。我国政府已做出相关规划，要求提高供水水质和覆盖率，提高污水处理普及率，提高污水处理标准，同时也对污泥处理提出了要求。这必然会带来工程成本和基本服务成本的提高。这既需要政府的投入，也需要消费者的支出。政府投资会形成对经济的投资拉动，而提高消费者支出，则能够拉动城市水业的服务业转型，形成消费拉动。

　　作为消费者，我们会期望水务服务能够"高质低价"。如果政府给予足够的补贴，确实能够实现高质低价，但是对于资源性行业来说，"高质低价"会造成资源的浪费，同时由于中国世界工厂的地位，也会造成国内资源的不合理透支。另一方面，水务服务属于地方政府主导的公共服务，在中国目前的财税体制之下，资金集中在中央，地方财政捉襟见肘，难以支撑服务提高的大部分投资，而中央财政的转移支付并不通畅。因此，不难理解中国水务服务的归宿会在"高质合理价"，当然提高水价的同时，还需要考虑对弱势人群的补贴机制。

之十八：如何有效约束水务服务成本？

2009年，全国各地水价普遍上涨。由于服务成本总体处于不透明的状态，很多人质疑，水价提高是否仅是自来水企业转嫁不合理供水成本的借口？许多人开始求助于价格部门的成本监审、水价听证会和媒体监督。这些行政行为和公众参与行为能够有效发挥作用吗？2009年即将走过，在供水企业的委屈之中，在地方政府的大量协调工作之下，现实并没有让公众和社会满意。

水务服务是一个自然垄断性领域，一般的市场竞争机制在水务服务领域里面很难实现。如何约束水务服务成本、提高水务服务效率是一个国际性难题。在这种特定的行业中，约束成本是一套机制的设计和实施，建立一套完善的市场机制才是约束供水成本、提高供水效率最有效的方式。

国际水务领域上通行的引入市场机制的模式有两类：一种方式是准入竞争模式。即政府的设施及服务，通过一定服务期限的特许经营权方式向社会企业进行转让，在约定服务条件、服务水平的前提下，让有经验的服务企业来报价，通过竞争挤出供水行业服务"成本水分"。另一种方式是过程竞争模式，也就是平均成本定价模式。即在综合考虑水源和水质保障的情况下，以供水行业的平均成本来确定服务公司的服务价格。

鉴于我国供水行业是一个由福利性行业发展而来的传统行业，长期停留在政府垄断经营的模式之下，基本数据统计不健全，我们现在还不能以平均成本为基础进行定价。因此，基于这样的行业现状，中国政府选择了第一种方式，2004年当时的建设部发布了《市政公用设施特许经营管理办法》，即通过特许经营制度在准入环节引入市场机制。

但是，特许经营制度目前只发布了一个部门规章，具有指导性，但不具强制性。这导致我国供水行业里面有70%～80%的服务公司仍然停留在没有市场机制的垄断状态下，即便是引入了市场机制的少部分服务公司，也因为行业的整体拖累，存在许多不完善的地方。因此在供水行业中确实存在一部分的成本"水分"。

多年的价格和成本管理已经证明，挤掉这部分"水分"仅仅靠行政性的成本监审是难以完成的，监审主要是合法性审查，对合理性和科学性审查则难以实施，合理性必须通过竞争机制的实现，而竞争机制的完善就需要深化改革。

目前，特许经营制度的改革与完善正在进行，随着改革的深入，出现了一些问题，形成传统势力的阻力，有些人开始质疑市场化改革，认为水务还是传统的国有垄断经营比较安全。在自然垄断的经营特征之下，如果水务行业里面不引入市场机制，就没有办法让老百姓信赖政府的成本约束和价格选择。

目前的两难是，水务服务的市场化体制建设并不健全，调整水价可能会面临部分收益被利益集团吞噬的危险。但是不调价，水务服务又面临基本保障的威胁，因为中国的水质服务、水环境已经到了非常严重的地步。

改革是制度的变革，会在局部出现不平衡、不公平，但是应该快速通过这一区域，在改革中解决问题，寻求新的平衡，而不能畏难不前。中国的改革摸索就是从"让一部分人先富起来"的不公平中这么走过来的。应该看到，与其他垄断行业里面成本不公开、成本不合理的问题相比，水务行业总体做得还算不错。没有改革的垄断行业实际上不透明的东西更多。目前污水领域有50%已经进入了市场竞争，供水领域有20%～30%进入了市场竞争。水务服务在人均消费支出中所占比例很小，却支撑了基本的水务服务水平。中国水务服务在发展中国家居领先水平。我们主张，应该客观的看待和评价水务服务的成绩与问题，也应该积极鼓励和支持有关部门继续深化改革，完善特许经营制度，也要让老百姓配合起来，合理调整服务价格，保障安全服务。

在完善特许经营制度的同时，作为价格管理部门的发改委也应努力建立绩效管理评价体系，健全成本监审制度，以帮助地方政府识别平均服务成本，这将有助于对没有经过准入竞争就进入了水务领域的公司进行成本和价格约束。

之十九：如何看待和推进成本公开？

2010年初，国家发改委就供水成本公开向社会征求意见。鉴于供水成本公开对其他垄断行业可能产生的示范作用和影响，水价成本将在何时公开，以怎样的形式公开，公开到什么程度，这些问题受到行业内外的广泛关注。由于我国地区经济发展不平衡，不同地区供水企业管理水平、各项技术指标等差异较大，如何制定一个科学合理的成本公开方案，确实是水业改革进程中的一个难题。在中国经济发展不平衡的现阶段，"增量控制法"不失为一种可操作性强的成本公开方式。

一、公开的是政府的尽责程度

对于城市供水和污水处理这种公共服务而言，价格与成本有必然的联系，但是价格不等于成本。

目前社会简单地把服务成本等同于价格，社会对涨价与否的关心被吸引到成本上。实际上水价在居民生活支出中所占的比例并不高（全国城市平均在1%左右），并且公众对于支付适当的水价，总体是通情达理的。之所以在水价成本上产生如此之大的社会压力，核心问题是行业本身的责任体系的混乱没有得到解决。地方政府不能再继续拖延和回避所应承担的社会责任，而是要借这次成本公开之机，把政府、企业和公众的关系加以明确。

在长期借钱发展的背景下，现在供水企业的负债率很高，又面临2012年新的供水水质标准强制性执行的挑战，已经到了无以为继的地步。这种状况不是公众导致的，而是由两个方面的原因导致：一是建设部门对供水行业的公共服务特性定位不清和指导偏失，二是地方政府的公共服务责任没有尽到和财政投入缺失。目前北京、上海、深圳等核心城市的政府供水财政补贴机制已经在建立之中，这应该成为发展潮流和趋势。

因此，适度的成本公开不是一味公开成本细节，更重要的是公开政府、企业和百姓的责任关系。这种关系的公开才是百姓所真正关心的。有人经常把政府、企业和公众的三方关系简化成企业和百姓之间的"讨价还价"，政府成为旁观者，这种简化是不合理的。企业的每一分投入，不论是以贷款还是股本投资等方式，最终都会计入价格并转嫁给百姓，而只有政府财政补贴才能平衡公众支付的水价。

所以从本质上讲，水价高低是政府与社会公众的"讨价还价"。通过成本公开，可以把这三方的关系讲清楚，也可以给地方政府适当的压力来承担起应尽的责任。

二、逐步建立供水成本的绩效标杆体系

水业改革历史遗留问题增加了成本公开的难度。我国的供水行业，从传统的国有事业单位，到国有企业，再到现在的外资、合资、民营企业、国有股份公司等各

种形式的多元化发展,改革过程中必须面对已经形成了的一系列错综复杂的历史问题。这其中有政府的责任,也有企业的责任,历史上的孰是孰非已经很难区分。这增加了成本监审和价格管理的难度。

我国目前只能在企业个体的层面上对企业成本进行监管,缺乏一套有效的整体绩效评价系统,来统计测算整个行业平均成本。当然,由于各地的发展水平不同,一些因素以政府关联的因素难以进行统一比较,企业不愿意进行全面公开。尽管存在一定的地区特殊性,但供水领域的大部分环节都是可以进行科学的统计分析和评估的。我们不能把历史欠账全部摊给公众,而应借水价成本公开的机会,在未来的一段时间里,充分收集、统计和归纳数据,形成一套基于行业的绩效管理办法。

国际上已经有很多这样的案例,也称"标杆管理",其所涉及的绩效管理不仅是成本,更要包括服务的水平,它衡量的是在一定服务水平、一定范围、一定产出之下的合理成本。相对完善的评价体系,无疑将成为政府成本监管、识别合理价格的有力工具,进而科学引导行业向正确的方向发展。

三、过渡期可以采取增量控制法

在尚未形成上述绩效评价体系的过渡阶段,成本管理建议采用"增量控制法"。所谓"增量控制法",可以归纳为"淡化存量、算清增减、核定价差"。也就是说,在成本公开和调价的过程中,将历史成本视为"合理",对增量部分则加以详细清楚的说明,比如新建项目的开建依据、新增了多少人员成本等。

"增量控制法"非常适用于供水改革过渡时期的具体国情,可以化解很多历史矛盾,在承认过去成本的基础上,用科学的方法和过去进行比较。国家在节能减排方面也创造性地使用了类似的方法,因为环境统计同样错综复杂,过去真正排了多少污染物已经很难测定,但又要按照"十一五"规划降低COD和二氧化硫10%比例的排放量。同样是家底不清、管理相对混乱、发展多元化的水业领域,不妨使用"增量控制法",重点公开增量部分,在实现成本适度公开的同时,也可化解全部成本公开导致的难度过大问题,提高成本公开的可操作性。

之二十：水价需要你的参与和理解

如何建立科学合理的水价管理体系，是一项系统工作。这里列举了需要公众知情、参与和理解的几个方面。

一、供水价格不仅是企业与公众的博弈，而是包括政府的三方平衡

城市供水的公用事业性质决定其主要相关方为政府、供水企业、公众三方，由于其区域性特性，地方政府负担起其相应的投资、弱势群体保障和服务质量监管责任，政府在城市供水成本以及水价控制中起着举足轻重的作用。城市政府在实施政企分开，彻底转变为市场监管者之前，供水企业与政府之间是隶属的行业管理关系，政府与水业设施的规划、投资，甚至供水企业运营管理的诸多方面都有密不可分的关系。

因此，在城市供水定价中，不是公众与企业的两方博弈，而是政府、供水企业、公众的三方利益平衡。需要充分考虑地方城市政府长期行业管理所产生的遗留问题，不宜将前期成本中地方政府的责任简化甚至忽略，既不能简单将全部成本计入水价，由公众负担，也不能简单地全部推给定价成本之外由经营企业通过经营来消

化。应当将前期不合理的建设经营责任，建立在政府、供水企业和公众三方协同体系之上，合理确定定价成本，避免形成目前城市水价提价过程中企业与公众的简单对立关系。

即便不考虑政府在前期建设中的责任，对于城市供水这样的市政公用设施而言，作为公共服务的重要内容，政府以财政投资的形式，承担一定经济性责任也是体现"以人为本"的理所应当。

二、要允许高效率的优秀企业有较好的收益

城市供水行业长期存在效率低下、水价偏低、服务水平低下的现象，引入市场机制的主要目的之一就是要促进服务和效率提高。成本监审是最主要的监管手段之一，因此，监审办法中应激励高效的方向和原则，达到防止虚高成本与提高企业效率的双重目标。

首先可考虑将核心控制指标，如产销差率、自用水率、职工薪酬等指标，设定上下限，超出上限依据上限，低于下限，取用下限，通过各种手段使管理和技术水平先进的企业获得较高的效率收益，促进行业效率提高。另外，对超前建设、漏损率比率等指标要考虑历史因素，并在一定时间段（如3年）内保持不提高，鼓励企业提高效率，收益主要归企业，在期限之后，以数据为基础，重新确定新的指标，鼓励企业增强成本约束机制，提高管理绩效。

对于服务水平和成本控制显著优于行业平均水平的

优秀专业公司要允许有合理的收益，鼓励实施规模化、专业化服务的扩张，提高行业整体水平。不能统一用"保本微利"衡量所有服务公司，微利应该是一个行业平均的概念，而不是所有个案的高限，否则打击企业提高服务、控制成本的动力，行业难免会陷入低质低价的恶性循环。

三、成本与服务的监管同步考虑

鉴于我国资金缺乏和效率低下的产业现状，建设部门正全面推进特许经营制度体系，引入投资者和经营者解决水业基础设施服务效率和投资问题，政府部门选择社会企业经营最有效的监管手段是市场准入监管、经济监管和服务质量监管。市场准入在准入前最为有效，而在经营过程中为了保障经营后服务的连续性则要兼顾服务。因此完善市场监管体系的核心环节是经济监管和服务质量监管，而服务质量监管往往缺乏必要的约束性手段，需要依托经济监管协同进行。经济监管的核心是价格监管，而在中国"成本加成"的价格体系之下，价格监管的基础是成本监审。

因此，成本监审必须与行业主管部门的服务监管和特许经营监管密切结合，规避两者脱节造成的服务水平降低。

四、通过公开化获得公众的理解和认同

在过去的几十年中，城市供水一直是作为社会福利提供的，社会公众已习惯于低价供水。1998年的价格管

理办法虽然改变了供水服务的性质，由于长期的习惯，公众始终难以接受供水服务的商品性和收益性，已经客观造成"低质低价低效"的恶性循环。由于供水属于不可或缺的基础性服务，关系公众健康，成本监审需要充分考虑行业企业的现状，兼顾行业特点，推行渐进性变革。

为了维持城市供水的长期健康发展，在综合考虑公众承受能力和对于低收入家庭进行实质性水价减免的前提下，将水价调整到覆盖全运营成本的水平和合理收益的水平。应以水质为核心，对公众进行科学而理性的引导，不简单迎合不了解行业情况的公众抱怨情绪，尽快终止行业低价低效的恶性循环。

需要政府主导建立第三方中立机构，独立于供水公司之外，监测城市水质状况，同时通过第三方向公众公开结果。

同时应按季度定期公开供水公司的财务基本状况和服务质量，加强公众监督，加深公众对供水问题的认识和理解。让水价听证制度建立在公众充分知情的基础之上。希望公众从自身的健康和权益出发参与到促进供水服务公开化的工作中来。

五、认可现状，关注未来的原则

供水服务因为其特殊性不可中断。价格管理和成本监审应采用认可现状的原则，重点放在对后期的约束和引导，公众也需要对服务改善的过程有时间上的宽容。通过约束对行业产生关键性影响的指标，如产销差、超前建设、财务成本等，引导和促使城市政府与供水企业以更为科学合理的方式开展城市供水设施的建设和服务。遵循权责发生制、合法性、相关性、分类核算的原则，分析其中存在的不合理方面，逐步改变不合理成分。

认可现状的原则可以应用于超前建设的控制、产销差的控制、人员成本的控制等关键环节。如资产领域，由于供水资产具有专有性，且沉淀性强，在确定定价成本的时候，需要对已经发生的成本给予承认，在尊重现实情况的基础上，对以后发生各项成本费用采用新的约束标准，使设施利用率逐步回归合理水平。

六、引导基础数据的真实收集和健全，逐渐获得平均成本

数据真实性和完整性问题是困扰城市供水行业发展的关键因素之一，而行业数据是成本监审中确定成本合理性的基础。从投资规划预测到设立行业平均绩效标杆水准等影响行业总体良性发展的决定性决策，很大程度都受制于基础数据的真实收集和健全。中国城市供水行业由于其源于传统国有垄断的产业性质，缺乏对历史数据信息的收集整理，真实性难以保证。

建议将完善行业数据收集和统计作为成本监审的前提条件，通过成本监审办法的约束与引导，逐步为数据的科学性奠定基础，通过3～5年不断的修正和改进，建立真实性较强的行业服务和运营的数据库，从而逐步得到行业合理而科学的平均成本值。同时以每年出台不同深度的导则形式使监审逐渐回归科学合理水平。

附录：中国 210 个大中小城市的水价*

1. 36 个重点城市供水价格、污水处理费调整趋势与现状

根据中国水网最新研究数据，2002 年 12 月底至 2010 年 8 月初，36 个重点城市的供水价格、污水处理费均进行了 65 次调整。平均每个城市在这期间进行了 1.8 次供水价格及污水处理费的调整。近八年间，供水价格、污水处理费总调整幅度分别为 46.61%、126.71%，年均调整速度分别为 4.92%、10.97%。经过近八年调整，截止到 2010 年 8 月初，重点城市的平均供水价格、平均污水处理费、平均到户水价分别为 1.86 元/立方米、0.77 元/立方米、2.62 元/立方米。

从现状来看，36 个重点城市的居民生活用水供水价格处在 0.6～3.08 元/立方米之间，还有 58.3% 重点城市的供水价格在平均水平 1.86 元/立方米以下。

36 个重点城市的居民生活用水污水处理费处在 0.4～1.3 元/立方米之间，除拉萨市还没有开征污水处理费外，还有约 46% 的重点城市的污水处理费处在平均水平 0.77 元/立方米以下，处在 0.8 元/立方米及以下的城市

---

* 中国水网统计。

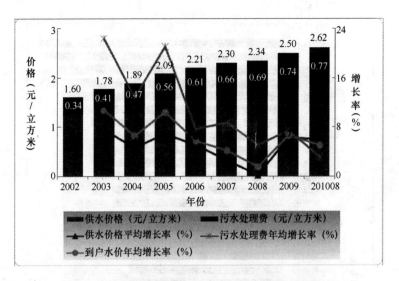

附图 1　重点城市居民生活用水平均供水价格及污水处理费调整趋势图（2002~2010.8）

注：1. 数据来源：中国水网研究数据；2. 供水价格由自来水价格与水资源费构成，到户价格＝供水价格＋污水处理费；3. 图中各年数据均为 12 月 31 日数据，截止日期 2010 年 8 月 5 日；4. 图中红色数据为综合到户水价；5. 污水处理费平均值没有包括拉萨市。以下相对情况不再重复解释。

占比达 69%。在 36 个重点城市中，污水处理费相对较高的为南京市，达 1.3 元/立方米，长春市的污水处理费相对较低，仅有 0.4 元/立方米。

由上分析来看，36 个重点城市的供水价格、污水处理费在过去八年呈现普涨现象。目前，水业市场及水价制度正在进一步改革，国家政策也要求污水处理费达到 0.8 元/立方米的标准，因此，这种普涨趋势在近五年内并不会改变。

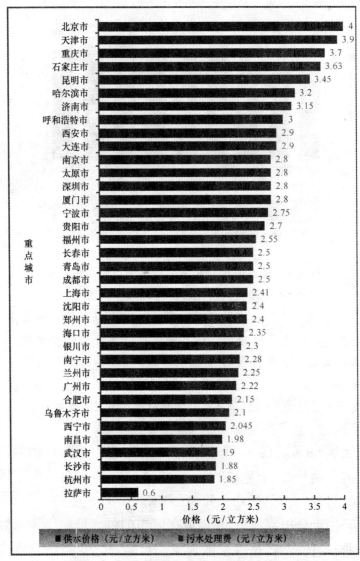

附图2 重点城市（36个）居民生活用水供水价格、污水处理费现状（2010.8）

注：1. 数据来源：中国水网调研数据；2. 数据截止日期2010年8月5日；3. 图中红色数据为综合到户水价。

2. 174个大中小城市居民生活用水供水价格、污水处理费征收标准现状

除去上面所给出的 36 个重点城市的水价格详情，本报告亦调研了 22 个省（自治区、直辖市）的 174 个大中小城市的水价格情况，具体详情如下文分析。

① 总体情况

根据中国水网最新调研数据，所调研的 174 个城市的居民生活用水供水价格分布区间在 0.85~3.2 元/立方米之间，平均价格为 1.61 元/立方米；居民生活用水污水处理费分布区间在 0.2~1.35 元/立方米之间，平均价格为 0.67 元/立方米；居民生活用水综合到户水价区间在 1.4~4 元/立方米之间，平均价格为 2.27 元/立方米。

把 174 个城市的居民生活用水供水价格征收标准分为六个区间：1 及以下；>1，≤1.5；>1.5，≤2；>2，≤2.5；>2.5，<3；3 及以上（注：单位为元/立方米）。附图 3 分析了城市供水价格分布在各价格区间的情况，从图中数据来看，城市居民生活用水供水价格征收标准多处在 1 到 2 元/立方米之间，处在这个征收区间的城市占比达 79%。处在相对较高价格水平（即 3 元/立方米及以上）的城市仅有一座，处在较低水平（即 1 元/立方米及以下）的城市占比 6.32%。供水价格处在平均水平 1.61 元/立方米的城市占比 58%。

把 174 个城市的居民生活用水污水处理费征收标准分为六个区间：0.4 及以下；>0.4，≤0.6；>0.6，<0.8；=0.8；>0.8，<1；1 及以上（注：单位为元/

立方米)。附图 4 分析了城市污水处理费分布在各征收区间的情况,从图中数据来看,有近一半城市的居民生活污水处理费征收标准处在 0.6 元/立方米以下,有 11% 的城市污水处理费征收标准甚至在 0.4 元/立方米及以下。早在 2006 年,国家即要求城市污水处理费征收标准要达到 0.8 元/立方米,从数据来看,还没达到这一征收标准的城市占比达 84%。

把 174 个城市的居民生活用水综合到户水价征收标准分为六个区间:1.5 及以下;>1.5,≤2;>2,≤2.5;>2.5,≤3;>3,<3.5;3.5 及以上(注:单位为元/立方米)。附图 5 分析了城市综合到户水价在各价格区间的情况,从图中数据来看,居民生活用水综合到户价格处在>1.5 元/立方米,≤2 元/立方米及>2 元/立方米,≤2.5 元/立方米两个区间的城市最多,分别占比 36% 及 37%。水价处在平均水平 2.27 元/立方米以下的城市占比达 57%。

从以上分析来看,我国一半以上城市的居民生活用水供水价格、污水处理费征收标准处在相对较低的水平。

② 各省(自治区、直辖市)征收标准

对 22 个省(区、市)的城市供水价格、污水处理费、综合到户水价进行算术平均。从附图 6 中的分析结果来看,河北、山西、陕西三省的城市平均供水价格相对较高,处在 2 元/立方米以上;江苏、山东、海南、河北四省的平均污水处理费相对较高,在国家要求的 0.8 元/立方米以上,江苏省的污水处理市场相对较成

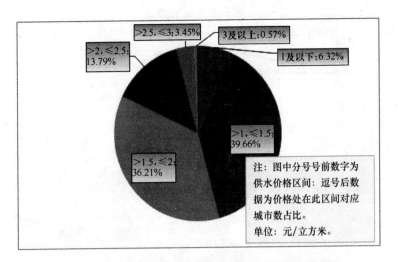

附图3 城市（174个）供水价格区间分布情况图

注：1. 数据来源：中国水网调研数据；
   2. 数据截止日期2010年8月5日。

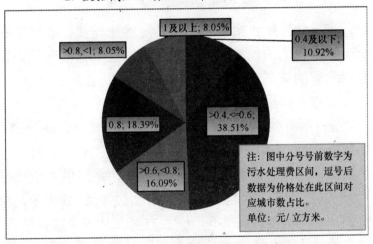

附图4 城市（174个）污水处理费区间分布情况图

注：1. 数据来源：中国水网调研数据；
   2. 数据截止日期2010年8月5日。

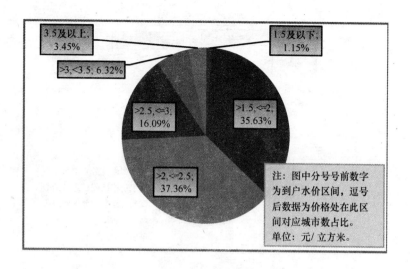

附图 5 城市（174 个）到户水价区间分布情况图

注：1. 数据来源：中国水网调研数据；
 2. 数据截止日期 2010 年 8 月 5 日。

熟，市场化程度也相对较高，其污水处理费征收标准在全国也是领先的；从综合到户水价的征收标准来看，仅有河北省的城市价格处在 3 元/立方米以上。

③按人口规模分类的城市征标准

把 174 个城市按人口规模分为五类城市，从附图 7 中数据来看，I 类城市由于其城市规模相对较大，经济水平相对较高，其收费标准也相对较高，平均供水价格在 1.68 元/立方米，平均污水处理费超过 1 元/立方米，综合到户平均价格达到 2.69 元/立方米。从图中数据来看，供水价格、综合到户水价的高低跟城市规模成正比；中等城市的平均污水处理费相比中小城市要低些，但是相差不大。从整体上来看，经济相对发达的较大规模城市的水价征收标准相比中小城市要高出一定的距离。

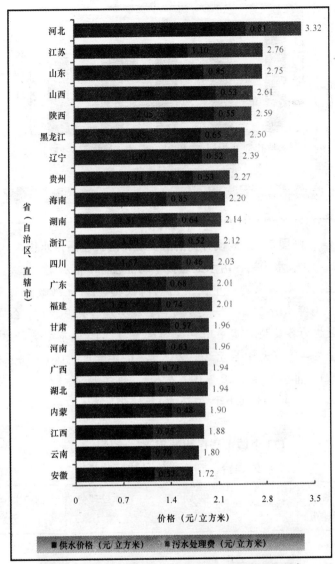

附图6 省（自治区、直辖市）居民生活用水供水价格、污水处理费平均征收标准情况图

注：1. 数据来源：中国水网调研数据；2. 数据截止日期2010年8月5日；3. 图中红色数据为综合到户水价。

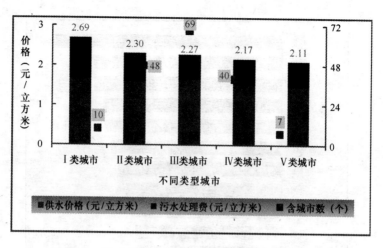

附图7 按规模分类的五类城市居民生活用水供水价格、污水处理费平均征收标准情况图

注：1. 数据来源：中国水网调研数据；2. 数据截止日期2010年8月5日；3. 图中黄色数据为综合到户水价，红色数据为各类型城市中所包含的城市数；4. 城市分类标准：Ⅰ类城市（大于等于200万人），Ⅱ类城市（100~200万人），Ⅲ类城市（50~100万人），Ⅳ类城市（20~50万人），Ⅴ类城市（小于20万人），括号里为人口数。

174个城市居民生活用水供水价格、污水处理费、到户水价具体征收标准 附表

省（区、市）	城 市	供水价格（元/立方米）	污水处理费（元/立方米）	到户水价（元/立方米）
安徽	芜湖市	1.55	0.5	2.05
	阜阳市	1.22	0.7	1.9
	六安市	1.2	0.7	1.97
	安庆市	1.26	0.5	1.76

续表

省（区、市）	城市	供水价格（元/立方米）	污水处理费（元/立方米）	到户水价（元/立方米）
安徽	铜陵市	1.13	0.6	1.73
	蚌埠市	1.1	0.6	1.7
	淮北市	1.07	0.6	1.67
	淮南市	1.03	0.6	1.63
	亳州市	0.96	0.6	1.56
	黄山市	0.94	0.6	1.54
	滁州市	1.15	0.3	1.45
福建	莆田市	1.6	0.8	2.4
	南安市	1.6	0.5	2.1
	三明市	1.2	0.8	2
	永安市	1.1	0.8	1.9
	龙岩市	0.85	0.8	1.65
甘肃	金昌市	2.37	0.3	2.67
	平凉市	1.4	0.8	2.2
	天水市	1.1	0.75	1.85
	武威市	1.1	0.6	1.7
	酒泉市	1	0.4	1.4
广东	汕头市	1.6	1	2.6
	茂名市	1.65	0.77	2.42
	珠海市	1.5	0.9	2.4
	云浮市	1.5	0.8	2.3
	中山市	1.38	0.9	2.28
	湛江市	1.32	0.86	2.18

续表

省（区、市）	城　市	供水价格（元/立方米）	污水处理费（元/立方米）	到户水价（元/立方米）
广东	汕尾市	1.68	0.5	2.18
	潮州市	1.6	0.5	2.1
	梅州市	1.48	0.57	2.05
	增城市	1.25	0.7	1.95
	惠州市	1.25	0.68	1.93
	江门市	1.2	0.7	1.9
	东莞市	1.2	0.63	1.83
	佛山市	0.95	0.88	1.83
	揭阳市	1.15	0.5	1.65
	肇庆市	1.1	0.45	1.55
	河源市	1.05	0.5	1.55
	清远市	1.098	0.45	1.548
广西	百色市	1.58	0.8	2.38
	贺州市	1.28	0.8	2.08
	玉林市	1.28	0.7	1.98
	梧州市	1.18	0.8	1.98
	河池市	1.15	0.8	1.95
	崇左市	1.28	0.5	1.78
	柳州市	0.97	0.8	1.77
	桂林市	1	0.6	1.6
贵州	都匀市	1.9	0.6	2.5
	凯里市	1.7	0.65	2.35
	遵义市	2	0.3	2.3

续表

省（区、市）	城 市	供水价格（元/立方米）	污水处理费（元/立方米）	到户水价（元/立方米）
贵州	六盘水市	1.7	0.4	2.1
	清镇市	1.4	0.7	2.1
河北	沧州市	3.2	0.8	4
	秦皇岛市	2.8	0.8	3.6
	邢台市	2.8	0.8	3.6
	邯郸市	2.75	0.8	3.55
	保定市	2.65	0.85	3.5
	唐山市	2.25	1.1	3.35
	衡水市	2.4	0.8	3.2
	廊坊市	2.3	0.7	3
	承德市	2.2	0.8	3
	张家口市	1.8	0.6	2.4
河南	新乡市	1.75	0.65	2.4
	洛阳市	1.65	0.65	2.3
	许昌市	1.4	0.65	2.05
	鹤壁市	1.4	0.65	2.05
	开封市	1.4	0.6	2
	安阳市	1.1	0.6	1.7
	驻马店市	1	0.6	1.6
	信阳市	1	0.6	1.6
黑龙江	齐齐哈尔市	2.2	0.8	3
	大庆市	1.5	0.5	2

续表

省（区、市）	城市	供水价格（元/立方米）	污水处理费（元/立方米）	到户水价（元/立方米）
湖北	黄冈市	1.325	0.8	2.125
	黄石市	1.25	0.8	2.05
	十堰市	1.13	0.8	1.93
	鄂州市	1.06	0.8	1.86
	孝感市	1.05	0.8	1.85
	荆州市	1.156	0.65	1.806
湖南	怀化市	1.67	0.75	2.42
	岳阳市	1.72	0.6	2.32
	娄底市	1.66	0.6	2.26
	湘潭市	1.57	0.65	2.22
	常德市	1.42	0.8	2.22
	株洲市	1.61	0.6	2.21
	邵阳市	1.55	0.55	2.1
	衡阳市	1.28	0.8	2.08
	郴州市	1.2	0.6	1.8
	益阳市	1.38	0.4	1.78
江苏	无锡市	1.9	1.3	3.2
	苏州市	1.77	1.33	3.1
	常州市	1.72	1.35	3.07
	宿迁市	1.84	1.03	2.87
	扬州市	1.77	1.1	2.87
	徐州市	1.73	0.99	2.72
	镇江市	1.53	1.1	2.63

续表

省（区、市）	城 市	供水价格（元/立方米）	污水处理费（元/立方米）	到户水价（元/立方米）
江苏	泰州市	1.65	0.95	2.6
	南通市	1.58	1.02	2.6
	常熟市	1.45	1.15	2.6
	连云港市	1.57	1	2.57
	盐城市	1.47	0.85	2.32
江西	萍乡市	1.5	0.48	1.98
	九江市	1.16	0.8	1.96
	景德镇市	1.1	0.8	1.9
	宜春市	1.04	0.8	1.84
	鹰潭市	1.01	0.8	1.81
	上饶市	1	0.8	1.8
辽宁	营口市	2.15	0.5	2.65
	阜新市	2.15	0.5	2.65
	葫芦岛市	2.04	0.6	2.64
	鞍山市	2	0.6	2.6
	铁岭市	1.95	0.55	2.5
	锦州市	1.94	0.51	2.45
	本溪市	1.8	0.5	2.3
	辽阳市	1.6	0.6	2.2
	抚顺市	1.65	0.5	2.15
	丹东市	1.7	0.4	2.1
	朝阳市	1.6	0.5	2.1

续表

省（区、市）	城 市	供水价格（元/立方米）	污水处理费（元/立方米）	到户水价（元/立方米）
内蒙古	包头市	1.95	0.4	2.35
	乌海市	1.35	0.45	1.8
	赤峰市	0.95	0.6	1.55
山东	淄博市	2.55	1	3.55
	潍坊市	2.3	0.9	3.2
	泰安市	2.27	0.9	3.17
	济宁市	1.99	1	2.99
	烟台市	2.2	0.7	2.9
	威海市	2.05	0.8	2.85
	日照市	2.11	0.7	2.81
	聊城市	1.73	0.9	2.63
	德州市	1.4	1	2.4
	菏泽市	1.4	0.9	2.3
	临沂市	1.55	0.7	2.25
	枣庄市	1.3	0.7	2
山西	运城市	2.9	0.5	3.4
	吕梁市	2.2	0.8	3
	大同市	2.2	0.5	2.7
	临汾市	2.1	0.5	2.6
	晋中市	2.1	0.5	2.6
	长治市	2.1	0.5	2.6
	阳泉市	2	0.5	2.5
	朔州市	2	0.5	2.5

续表

省（区、市）	城 市	供水价格（元/立方米）	污水处理费（元/立方米）	到户水价（元/立方米）
山西	晋城市	1.7	0.5	2.2
	忻州市	1.5	0.5	2
陕西	铜川市	2.5	0.6	3.1
	延安市	2.46	0.64	3.1
	宝鸡市	2.39	0.67	3.06
	渭南市	2.1	0.7	2.8
	榆林市	1.85	0.6	2.45
	商洛市	2.05	0.4	2.45
	咸阳市	1.73	0.7	2.43
	安康市	1.85	0.2	2.05
	汉中市	1.5	0.4	1.9
四川	乐山市	1.75	0.6	2.35
	眉山市	1.75	0.5	2.25
	攀枝花市	1.7	0.55	2.25
	泸州市	1.83	0.4	2.23
	自贡市	1.665	0.45	2.115
	宜宾市	1.6	0.4	2
	达州市	1.59	0.3	1.89
	南充市	1.37	0.5	1.87
	德阳市	1.45	0.4	1.85
	遂宁市	1.28	0.55	1.83
	雅安市	1.3	0.4	1.7

续表

省（区、市）	城 市	供水价格（元/立方米）	污水处理费（元/立方米）	到户水价（元/立方米）
浙江	嘉兴市	1.6	0.9	2.5
	舟山市	2	0.4	2.4
	台州市	1.95	0.45	2.4
	金华市	1.8	0.35	2.15
	温州市	1.6	0.5	2.1
	绍兴市	1.6	0.5	2.1
	兰溪市	1.6	0.4	2
	丽水市	1.35	0.55	1.9
	衢州市	1.3	0.5	1.8
	湖州市	1.2	0.6	1.8
海南	三亚市	1.35	0.85	2.2
云南	玉溪市	1.1	0.7	1.8